DÉFENSE

DES

PRINCIPES NAPOLÉONIENS

DANS TOUTES LES RÉUNIONS POPULAIRES DE PARIS

PENDANT L'ANNÉE 1881

DÉDIÉE

à S. A. le Prince VICTOR-Napoléon Bonaparte

PAR

M. PIÉTRI (L.-A.)
Ancien Officier.

PRIX : 50 CENTIMES

PARIS
LIBRAIRIE DU CROISSANT. — H. DELATRE
VENTE EN GROS :
10, Rue du Croissant, 10

1882

DÉFENSE DES PRINCIPES NAPOLÉONIENS

DANS TOUTES LES RÉUNIONS POPULAIRES DE PARIS

Pendant l'année 1881

DÉFENSE

DES

PRINCIPES NAPOLÉONIENS

DANS TOUTES LES RÉUNIONS POPULAIRES DE PARIS

PENDANT L'ANNÉE 1881

DÉDIÉE

à S. A. le Prince VICTOR-Napoléon Bonaparte

PAR

M. PIÉTRI (L.-A.)
Ancien Officier.

PRIX : 50 CENTIMES

PARIS
LIBRAIRIE DU CROISSANT. — H. DELATRE
VENTE EN GROS :
10, Rue du Croissant, 10

1882

A Son Altesse Monseigneur le Prince
Victor-Napoléon Bonaparte.

MONSEIGNEUR,

Armé d'une forte et bien vive espérance, je viens vous prier de vouloir bien accueillir l'hommage respectueux de toutes mes modestes pensées exprimées dans le présent recueil.

Dans toutes les réunions impérialistes données à Paris, soit comme assistant soit comme président, la presse conservatrice m'a fait l'honneur immérité de reproduire mes allocutions en les soulignant d'approbations unanimes.

Cependant, ni mon talent ni mes mérites ne peuvent assurément les justifier, à moins, toutefois, qu'elles ne s'adressent à toute l'expression de mes profondes convictions.

Comme soldat (ayant enfin, dans nos derniers combats, commandé un bataillon devant l'ennemi), ou comme fonctionnaire public, j'ai eu la douloureuse occasion de constater que, pendant les dix dernières années de notre dernier Empire, les hauts fonctionnaires de tout ordre n'étaient plus en général que des détracteurs habiles des principes napoléoniens, mais, par contre, fortement attachés à leurs places.

Lorsque Napoléon III joua sa vie et son trône en défendant à la frontière l'honneur et les intérêts de la France, le peuple s'écria : Notre Empereur a été trahi.

Où étaient-ils donc, le 4 septembre, tous ceux qui, restés à Paris, étaient chargés de le défendre? Où sont-ils aujourd'hui, Monseigneur, ceux qui étaient intéressés à soutenir sa mémoire en face la tourbe de quelques lâches et vils conspirateurs?

Le peuple espérait que Napoléon IV allait les leur faire connaître. Mais, en mourant, ce jeune héros dit au peuple français : Tant qu'il y aura des Bonaparte, l'Empire aura des représentants. Puis, loin de tous ses amis, en offrant, par une flagellation, tout son sang à la France, il recommande *Victor* au souvenir des cœurs français.

Vous êtes jeune, Monseigneur, et ce sont précisément vos vingt ans qui font notre force et votre supériorité.

Nous attendons avec une légitime impatience que vous preniez la défense de nos principes en faisant prévaloir vos droits.

Les armes légales, vous les retrouverez dans les constitutions de l'Empire, et, dans ce jour de votre premier appel, ni la voix ni le bras du peuple ne vous feront défaut.

Dans cette attente, veuillez agréer, Monseigneur, l'hommage de tout mon respect et de tout mon dévouement.

PIÉTRI (LAURENT-ANDRÉ),

Ancien officier,
Ancien commissaire de police dans trois départements,

10, RUE DES GRANDS-AUGUSTINS.

Paris, 1er janvier 1882.

DÉFENSE DES PRINCIPES NAPOLÉONIENS

DANS TOUTES LES RÉUNIONS POPULAIRES DE PARIS

Pendant l'année 1881

---

14 janvier 1881.

A MONSIEUR JULES AMIGUES, DIRECTEUR DU JOURNAL
Le Petit Caporal.

J'ai eu la curiosité de voir comment le journal *le Napoléon* allait annoncer à ses lecteurs le souvenir mémorable de l'anniversaire du 9 janvier. Eh bien, moi, impérialiste, resté dans les rangs du peuple avec mes principes politiques et religieux, je trouve que le rédacteur de cet article a été mal inspiré, car il renie la foi sur laquelle l'Empire était assis, proclame l'opportunisme, s'érige en athée et prêche l'ingratitude.

J'ai lu la fière riposte du *Petit Caporal* ainsi que celle du *Pays*, par la plume éloquente et couerageus de MM. Jules Amigues et Albert Rogat.

Mais il me semble qu'on a oublié de clore, une

fois pour toutes, ce dernier débat par le cri indigné de tous les impérialistes: et je vais, avec toute l'indépendance de mon caractère et la fierté de mon âme, dire à haute voix ce que nous pensons :

Oui, nous aimons, dans ce jour de deuil, nous rendre à Saint-Augustin, non pas pour compter le nombre, mais pour fortifier nos âmes en présence de Celui qui défait et refait les Empires. Si la mort a fait son œuvre, on oublie que les enfants des croyants ont reçu l'héritage de leur père. Nous sommes de ceux qui ne vont ni à droite ni à gauche. Je crois fermement au culte napoléonien, et le jour où un Bonaparte s'adressera hardiment au peuple, les masses qui jadis ont acclamé l'Empire se retrouveront tout entières debout, prêtes à saluer la nouvelle aurore.

Veuillez agréer, monsieur le Directeur, l'hommage de tout mon très humble dévouement.

L.-A. Piétri,

Ancien officier,
10, rue des Grands-Augustins.

Samedi 23 juillet 1881.

RÉUNION PRIVÉE DU VIe ARRONDISSEMENT.

Ainsi que nous l'avons annoncé hier, une réunion bonapartiste a eu lieu samedi soir dans le VIe arrondissement sous la présidence de M. L. A. Piétri.

L'auditoire dans lequel on remarquait un grand nombre d'ouvriers, était si considérable qu'à neuf heures et demie on fut obligé de fermer les portes de la salle.

L'estrade était surmontée d'un buste du Prince Impérial, et des portraits des deux Empereurs.

A neuf heures, M. L. A. Piétri ouvre la séance et prononce le discours suivant :

« Mille fois merci du grand empressement que vous avez mis à répondre à notre appel.

« Cette réunion prouve que la défaillance n'est pas dans nos rangs et que vous êtes prêts à livrer la bataille. »

L'orateur rappelle la chute de Sedan, et prédit la même fin à la république, si les honnêtes gens veulent la combattre.

« Mes chers amis, votre devoir est de faire comprendre à tous ceux qui ont cru naïvement au règne de la liberté sans limite, que cela s'appelle la licence et qu'elle doit disparaître devant le principe d'ordre et d'autorité et, le peuple, à cet appel, répondra : « Avec l'Empire et par l'Empire! »

« Donc, debout, mes chers amis, réunissons-nous sans perdre une seule minute, dans chaque arrondissement, dans chaque canton, dans chaque commune de France; préparons la liste de nos candidats, et prouvons qu'il y a encore en France des citoyens et des patriotes. » (Vifs applaudissements.)

1er août 1881.

LA RÉUNION DU VIe ARRONDISSEMENT.

Hier, à 2 heures de l'après-midi, une importante réunion impérialiste a eu lieu sous la présidence de M. L. A. Piétri, assisté de MM. Rébout et Deville en qualité d'assesseurs.

Dans l'assistance nous remarquons un grand nombre de commerçants du quartier.

Le président, après avoir déclaré la séance ouverte a prononcé le discours suivant :

Messieurs,

« Lors du 16 mai, un républicain sinistre, le citoyen Hérisson, l'ami intime du citoyen Jules Ferry, se présente à vos suffrages comme défenseur de la liberté sans limites ; et grâce à la criminelle indifférence des conservateurs ainsi qu'à toute la pression des ennemis de la France, il fut nommé, à une très faible majorité, dans cet arrondissement.

« Mais par ses votes à la Chambre, vous le savez, amis électeurs, il nous a donné la licence à la place d'une juste liberté, l'arbitraire à la place de la loi, l'aplatissement à la place de la fierté nationale.

« Aussi, au souvenir des infâmes décrets qui ont violé la loi en crochetant les serrures, en décorant les exécuteurs, en chassant nos saintes femmes du temple.

« Au souvenir de la loi sur la désorganisation de l'instruction publique qui brise nos croyances en Dieu au profit de l'athéisme ; qui brise l'autorité du père de famille au profit du communisme ;

« Au souvenir de cette violence faite à la magistrature qui donne ses arrêts au nom de la passion politique.

« Au souvenir de nos forces militaires engagées dans les déserts africains, sans déclaration de guerre au profit unique d'une compagnie financière ;

Au souvenir de notre défense incomplète sur la

frontière allemande, suivi des hommages officiels rendus à Bismarck, aggravés par les outrages de la croix de commandeur octroyée à l'ennemi le plus mortel de la France ;

« Je me crois en droit de vous dire : M. Hérisson ne doit plus être votre élu !

« Je viens donc vous proposer de marcher fièrement au combat avec le drapeau déployé d'Austerlitz, de Wagram, de Sébastopol et de Solférino, lequel entraînera non seulement la victoire dans cet arrondissement, mais encore la première démonstration sincère et loyale de tous les conservateurs groupés autour de nos défenseurs de l'Appel au peuple, au cris de : « Avec l'Empire et par l'Empire. »

« Nous voulons que les élus de vos suffrages fassent cesser la division cruelle qui règne parmi nous en consultant loyalement la France sur le principe de Monarchie, République ou Empire.

« Quant à nous, impérialistes militants, convaincus et déterminés, nous avons la ferme espérance que le jour n'est pas éloigné où l'épée des Napoléons, brisée à Waterloo, à Sedan, sera forgée à nouveau par la main du peuple et trempée dans la fournaise béante alimentée par le peuple. Elle sera confiée à un cinquième Bonaparte, avec mission expresse de foudroyer sur le champ la troisième tentative de République.

« Sous cette impression, nous allons donner le

signal de la bataille, et, en ouvrant le feu sur l'ennemi, nous l'attaquerons à l'arme blanche, dont la pointe meurtrière n'est autre que le bulletin de vote.

« Nous frapperons à mort en criant : Vive la France! Vive l'Empereur! »

D'unanimes applaudissements se font entendre.

Paris, 3 août 1881.

A SON ALTESSE LE PRINCE JÉRÔME NAPOLÉON BONAPARTE.

Monseigneur,

Je prends la respectueuse liberté de vous informer qu'en ma qualité de président du comité impérialiste du VIe arrondissement, dont mon discours-programme est ci-joint, j'ai voulu par : *la suite à demain*, me réserver le droit et le devoir de vous demander si, en arborant le drapeau impérialiste pour lequel j'ai vécu et vivrai, vous ne songez pas à nous diviser en nous opposant un candidat révisionniste sur le terrain républicain.

Le nom que vous portez, ainsi que mon dévouement à la cause pour laquelle j'ai tant souffert, m'ont décidé à vous prier, monseigneur, de vouloir bien m'honorer d'une audience de quelques minutes ou d'une réponse de votre part.

Nos réunions ont été imposantes par le nombre, et celle de dimanche sera décisive comme choix d'un candidat courageux et déterminé en face du drapeau blanc et du drapeau rouge.

Dans cette attente, etc.

---

5 août 1881.

SALLE LEVIS, PRÉSIDÉE PAR M. CARLES.

(Extrait du journal *La France.*)

M. L. A. Piétri monte à la tribune, et, dans une argumentation serrée, demande que l'assemblée se prononce sur la candidature de M. Godelle, si, toutefois, ce dernier a mérité la confiance de ses électeurs. Ensuite il fait l'éloge du VIIIe arrondissement qui, par ses fortes attaches au parti bonapartise, est devenu la dernière citadelle de l'empire.

On l'applaudit à tout rompre.

Le président prend la parole et en profite pour

placer un interminable discours, que les impatients interrompent à tout bout de champ.

On demande la clôture à grands cris; la clôture est votée.

On vote pour savoir si la candidature de M. Godelle doit être maintenue.

Une faible majorité appuie la candidature Godelle.

---

7 août 1881.

SALLE BUCI, PRÉSIDÉE PAR M. A. PIÉTRI.

Dans cette imposante et nombreuse réunion, M. J. Amigues a prononcé quelques paroles fortement applaudies au point de vue des principes.

La séance s'est terminée sur un discours de M. Piétri que nous sommes heureux de pouvoir reproduire intégralement.

M. Piétri s'est exprimé en ces termes :

« Electeurs impérialistes et conservateurs du VIe arrondissement de Paris !

« Nous sommes debout, le drapeau blanc déployé à notre droite, le drapeau rouge déployé à notre gauche.

« La puissance de nos principes, c'est le drapeau tricolore.

« L'heure a sonné de le défendre, même au péril de notre vie, envers tous et contre tous. (Bravos).

« Gambetta, à Tours, vous a dit en ces termes voilés :

« Si jamais de nouveaux désastres me forçaient à
« quitter ma baignoire d'argent du palais Bourbon,
« et que je n'eusse pas le temps de me sauver à
« Saint-Sébastien, oh! je vous en conjure, ne me
« refusez pas une petite place dans la ville de mes
« tours. »

« Par nos bulletins de vote, nous répondrons :

« Oui, mais au fond du cimetière, réservé aux suicidés, bien loin de cette croix du Christ que vous avez tenté de profaner (applaudissements).

« Il vous a dit encore :

« Je ne vise point à la dictature, mais je veux par mon comité de direction, surprendre la France électorale, en faisant nommer des députés asservis qui me donneront plein pouvoir.

« Nous répondrons par notre bulletin de vote :

« Oui, mais à condition qu'ils votent, dès la première séance, les dépenses de vos funérailles (bravos).

Il vous a dit encore :

« L'armée, après avoir assisté à la dispersion de

son état-major, est passée tout entière dans nos rangs.

« Par notre bulletin de vote nous répondrons :

« Pas encore, mais en tous cas, elle est toute prête à faire feu sur vous et sur votre bande le jour où il faudra sauver le pays de vos mains.

« Il vous a dit encore que nous sommes les hommes du 2 Décembre.

« Par notre bulletin de vote nous répondrons :

« Le peuple statuant sur les cas de légitime défense, a déclaré :

« L.-N. Bonaparte, par la grâce de Dieu et la volonté de 7.500.000 Français, Empereur des Français, à tous présents et avenir salut ! (Cris de vive l'Empereur !)

« Et vous, démocrate à la façon du café Procope, répondez :

« La 3me République, par la grâce du 4 septembre et la volonté de Bismarck, à tous contribuables, salut ! (Applaudissements prolongés.)

« La renommée de cet homme néfaste commença par l'apologie de l'embauchage militaire.

« Le 2 décembre 1851, à 9 heures du matin, faubourg Saint-Antoine, carrefour Montreuil, un représentant, à la tête de 2000 repris de justice, se présenta au poste de garde où j'étais en faction, et dit : « Laissez-moi passer ; nous voulons améliorer votre sort; criez : Vive la République ! à bas Bonaparte ! et suivez-nous. »

« Pour toute réponse, je croisai ma baïonnette sur sa poitrine en criant : aux armes, vive l'Empereur !

« Sa bande se rua sur le poste, qui se défendit vaillamment.

« Dans sa fuite, ce représentant fut tué : Gambetta a défendu sa mémoire.

« J'ai donc le droit de dire à cet homme, à Gambetta :

« Vous avez commencé par encourager l'embauchage, vous devez finir par la fuite ! (Applaudissements unanimes).

« Je me résume par ces dernières paroles :

« Nous sommes, depuis dix ans, abreuvés d'injures et d'outrages.

« Notre première vengeance commencera le 21 courant, et nous vous jurons qu'elle ne cessera qu'après pleine et entière réparation.

« Maintenant, aux urnes électorales, en criant : Vive la France ! Vive l'Appel au peuple ! Vive l'Empereur ! » (Double salve d'applaudissements).

LE 15 AOUT.

Le 15 août 1769, dans une île de la Méditerranée, où la race est forte et le sang généreux, un enfant naquit, qui devait être un jour le maître de l'univers et marquer au front de l'histoire l'empreinte la plus lumineuse que le génie y ait inscrite jamais.

Puis, celui en qui avait vécu et vibré l'âme de tout un peuple disparut de ce monde au milieu des tristesses de l'exil, dépouillé, non de sa gloire, mais de sa puissance, proscrit par la rancune et la peur des puissants qu'il avait vaincus et léguant à la postérité le double exemple des plus hautes grandeurs et des plus terribles infortunes où l'être humain puisse atteindre et que l'humanité puisse concevoir.

Mais cet homme, ce prince, ce soldat, ce législateur, n'est pas demeuré seulement le héros d'une légende; un immortel principe s'était attaché à son nom : le principe de la souveraineté nationale, dont il avait été l'expression vivante, et dont un autre prince de sa race vint, après de longues années, relever la fortune et recueillir la tradition.

C'est ainsi que le nom des Napoléons est devenu un symbole, et que leur glorieux passé demeure, pour la France, la garantie de l'avenir. C'est ainsi

**

que le retour annuel du jour où naquit le premier Napoléon, le chef de la dynastie impériale, éveille dans nos cœurs tout ensemble de pieux souvenirs et de patriotiques espérances; et c'est dans ce sentiment de grave conviction, de sereine certitude, que nous nous réunirons, lundi prochain, pour célébrer avec le calme qui convient à de bons citoyens et à des hommes d'ordre, l'anniversaire du 15 aout.

LA MESSE DE SAINT-AUGUSTIN.

Hier, la place Saint-Augustin présentait, vers midi, un aspect inaccoutumé. De toutes parts les fidèles aux souvenirs de la famille impériale accouraient, au pied des autels, affirmer leur foi impérialiste.

Le spectacle était imposant.

En effet, plus de 5,000 personnes, répondant à l'appel patriotique du *Petit Caporal*, se pressaient dans la nef et sous le péristyle de Saint-Augustin.

Un peu avant une heure, M. Jules Amigues, accompagné de sa famille, fait son entrée dans l'église. Tout le monde se découvre sur son passage.

Entre-temps, chacun s'empresse d'orner sa boutonnière d'une fleur aux couleurs violettes, symbole du souvenir.

Il est une heure, le prêtre monte à l'autel et la messe commence. L'église est trop petite pour contenir tout le monde, tant l'affluence est énorme. Bon nombre de nos amis sont forcés de rester sous le péristyle.

Nous remarquons au pied du maître-autel une superbe couronne de violettes, déposée par mesdemoiselles L. A. Piétri.

Tandis qu'à l'intérieur une foule émue et recueillie prie, nous voyons arriver sur la place Saint-Augustin cinq brigades de gardiens commandées chacune par un officier de paix. Pourquoi ce déploiement de forces? Telle est la question que chacun se pose.

A une heure et demie la cérémonie était terminée.

---

14 août 1881.

A LA SALLE BUCI.

Hier, à trois heures, une réunion bonapartiste a eu lieu salle Buci, sous la présidence de M. L. A. Piétri.

Une dépêche arrivée presque à l'ouverture de la séance, annonçant le retour de M. Constant Le Poil, a été saluée par les applaudissements de l'auditoire. Après avoir réglé les questions relatives aux rôles à distribuer pour la matinée du 21, M. L. A. Piétri a soumis à l'assemblée une proposition tendant à fêter par un banquet l'anniversaire du 15 août.

Cette proposition, suivie de quelques paroles prononcées par notre collaborateur le baron Dao, a été adoptée à l'unanimité. Des commissaires nommés séance tenante se sont immédiatement occupés de l'organisation.

Il a été en outre décidé que les dames et les enfants seraient admis.

La cotisation individuelle a été fixée à *trois francs.*

Le banquet aura lieu à sept heures au restaurant de Paris, chez Laurent Catelain, galerie Montpensier, 2, rue Montpensier, 18, au Palais-Royal.

LE BANQUET DU 15 AOUT.

Ainsi que nous l'avons annoncé hier en dernière heure, 150 convives avaient répondu à l'appel de notre collaborateur Dao.

L'exiguïté de la salle avait obligé les commissaires à restreindre à ce nombre les souscripteurs qui avaient demandé à participer au banquet.

Grâce à l'activité de MM. Salomon et Rebout, le service s'est fait dans les meilleures conditions d'ordre et de régularité.

N'oublions pas, non plus, M. Lamarre, qui a contribué à l'ornementation de la salle en apportant un buste du Prince Impérial et deux tableaux représentant Napoléon Ier et l'Impératrice Joséphine. Ce buste et ces tableaux étaient placés derrière le président, dans l'encadrement d'une fenêtre, drapée aux couleurs nationales.

Le banquet a commencé à huit heures précises. Le plus grand calme et la plus grande cordialité n'ont cessé de régner pendant le repas.

Notre éloquent ami M. Piétri a pris la parole pour porter un toast aux Napoléons. Associant les grandeurs du passé aux espérances de l'avenir, il a dans un langage viril transporté l'auditoire, qui a salué d'applaudissements enthousiastes sa brillante improvisation.

---

18 août 1881.

A LA SALLE BUCI.

Comme nous l'avons dit hier, la seconde réunion privée, tenue à la salle Buci, pour soutenir la candidature de M. Constant Le Poil, était plus nombreuse encore que la première, 50 personnes au moins ont été dans l'impossibilité de pénétrer dans la salle.

Ç'a été véritablement un spectacle consolant de constater quelle unanimité de sentiments animait tous ces braves champions de l'Empire, et avec quelle résolution tous ils étaient prêts à payer de leur dévouement et de leurs personnes dans la lutte entamée aujourd'hui dans le VIe arrondissement.

La séance a été ouverte par notre vaillant ami, M. Piétri, qui a commencé par remercier les assistants de l'empressement avec lequel ils avaient répondu jusqu'ici aux convocations qui leur avaient été adressées.

« Nous, hommes de la vraie démocratie, a-t-il ajouté, debout avec notre drapeau déployé, nous sommes prêts à livrer la bataille, et elle sera livrée avec toutes les forces du peuple ! »

M. Louis Fliche, avocat à la cour d'appel de Paris,

le jeune et éloquent orateur dont tous nos lecteurs connaissent le dévouement à la cause impérialiste, et dont la chaude parole est si souvent applaudie dans nos réunions, a succédé à M. Piétri.

Après avoir félicité les électeurs d'avoir, pour la première fois depuis le 4 septembre, trouvé un candidat affirmant hautement sa foi dans l'Empire, l'honorable orateur a continué en ces termes :

« Dans les temps troublés comme le nôtre, on est exposé à un double danger : transiger avec les idées révolutionnaires ou se lancer dans une imprudente réaction. C'est ce qui se passait ici. Vous aviez d'un côté le candidat du drapeau blanc, l'homme qui rêve des résurrections impossibles ; de l'autre, des hommes portés au pouvoir par l'émeute et qui n'ont jamais su répudier un passé compromettant. Entre le champion de la royauté et les différentes personnifications de l'idée républicaine, il fallait un homme qui se fît le porte-drapeau de la France de 89, de la France démocratique, de la France impéliste, cet homme vous l'avez trouvé dans M. Constant Le Poil. » (Longs applaudissements).

M. Fliche montre ensuite les nécessités de la lutte; il dépeint en traits vigoureux, au milieu des applaudissements enthousiastes de l'auditoire, les ruines matérielles et morales accumulées par cet opportunisme menteur que l'on célébrait hier encore au gymnase Pascaud.

LES COMITÉS IMPÉRIALISTES DE PARIS AUX ÉLECTEURS DU VIe ARRONDISSEMENT.

Electeurs,

Aujourd'hui 21 *août, vous avez en face de vous :*

1° Le *drapeau blanc*, arboré sans aucune réticence ;

2° Le *drapeau opportuniste*, le *drapeau de Gambetta,* porté par M. Hérisson.

Vous devez à M. Gambetta et à ses amis complaisants les aventures de Grèce et de Tunisie.

Vous lui devez une guerre lamentable qui couvre de ruines l'Algérie en attendant qu'elle ouvre une nouvelle question d'Orient.

Vous lui devez les décrets du 29 mars.

Vous lui devez la proscription des frères de nos écoles chrétiennes, celle des sœurs de Saint-Vincent de Paul de nos hôpitaux.

Vous lui devez un budget de près de *deux millards par an*, de plus que sous l'Empire.

3° Le *drapeau rouge*, arboré par M. Genillier, candidat de toutes les destructions.

4° Le *drapeau tricolore*, que tient en main M. Constant LE POIL, avec des principes qui signifient :

L'autorité en haut.

Le peuple à la base.

L'ordre partout.

A vous à choisir.

Mais si vous êtes soucieux de vos intérêts, de vos droits, votez avec nous tous pour

CONSTANT LE POIL.

Laurent-André Piétri. — H. Rebout. — P. Lamarre. — Salomon. — Bouya. — Labadens. — G. Chaloy, — Poirel. — C. Duris. — C. Lavigne. — J. Lavigne. — Gros. — Aubry. — L. Fliche. — Borrani. — H. Blond. — E. Martin. — R. Chabrol. — Robin. — L. Roussel. — Servat. — François. — Woestélande. — Maquenhem. — J. Ansart. — A. Lavigny. — E. Rosard. — A. Théophil. — H. Eliard. — Carles. — L. Sallé. — H. Liautaud. — Deville. — Massonnet. — Chrétien. — J. Devroye. — Moulins. — Péton. — Premier. — P. Moulins. — Deneuve. — Pichard. — Forti. — Bobichon. — Mulot. — Delphieu. — Fauquemberge. — Pronier. — Sernier. — Gontard. — Soavi. — Veyres. — Poli. — Malaisé. — Fort. — J. Mulot — Robichon. — Chamel. — Defranchi. — Poteau. — Pantaluci. — Autrais. — Georges. — Vallé.

Vu : Le Candidat,
Constant LE POIL.

23 octobre 1881.

RÉUNION IMPÉRIALISTE.

Nous complétons par le discours suivant, prononcé par M. L. A. Piétri, le compte rendu de la réunion privée de dimanche :

Messieurs et chers amis,

« Nous devons rendre hommage aux sentiments généreux de celui qui a devancé l'heure en proposant de fêter la Sainte-Eugénie.

« Savez-vous pourquoi une si belle pensée est venue frapper son esprit? C'est, je crois, qu'il a compris que nous l'aurions accueillie avec un enthousiasme d'autant plus grand, d'autant plus élevé, que S. M. l'*Impératrice* des Français *est en exil*, qu'elle *vit encore!* mais dans une vallée de larmes, aux pieds d'une sainte croix, placée entre deux tombeaux que nous vénérons également et dont les *cendres* seront rappelées en France un jour, et bientôt, espérons-le!

« Va, ô noble exilée! Si les adulateurs, les égoïstes, les ingrats, les pervers, les obligés ont perdu la mémoire de tes grands bienfaits, de ton amour passionné pour la France; nous, hommes du peuple, restés fidèles à la cause, nous voulons te prouver que nous serons toujours unis pour célébrer ton souvenir.

« Oui, le jour de ta fête sera pour tous les bons Français une belle occasion de rappeler quelle est toute l'étendue de nos regrets, mais aussi quelle doit être désormais toute la hauteur de nos espérances. (Applaudissements prolongés.)

« Ainsi, à bientôt!

« J'aborde maintenant le terrain brûlant de la politique en vous disant, en peu de mots, où nous en sommes et quels seront nos devoirs en présence d'une telle situation.

« Gambetta, l'oracle de tous les affamés sans patrie, a bien voulu nous laisser croire que Bismarck avait daigné le recevoir, qu'il lui avait permis de baiser ses bottes du 4 septembre et qu'il l'avait assuré qu'il admirait son génie ainsi que celui de Saint-Hilaire.

« A son retour, son domestique, commis au journal de la sainte République française, la troisième et dernière de ce nom, vient nous avertir (il est bien bon) que nous pouvons dans nos temples, crier, menacer, dire même que le gouvernement a charge de perdre la France, la voler, la déshonorer, la détruire à petit feu, même par l'encouragement donné à certains marchands de vin, à certains juifs de la finance, à certains commis-voyageurs en rupture de ban ;

« Que nous pouvons également adresser nos plaintes aux députés de la majorité, élus par les surprises *inouïes* de son influence, en les suppléant, *après avoir payé au préalable*, de voir si les ministres, et leurs complices, *fussent-ils parmi eux*, peuvent être mis en accusation ;

« Mais que, si nous faisons mine de crier ensuite au *déni de justice*, d'aller demander d'autres juges, de contempler, en nous promenant, les issues des palais où se prélassent en paix les pontifes de l'odieux opportunisme, oh! alors, dit-il, le grand sabre est là !

« Eh bien ! ce défi sera relevé en allant demander sans retard des juges partout où il s'en-trouve.

« Et si la voix du peuple, qui règne au-dessus de toute iniquité, n'est pas écoutée, nous saurons aviser, avec lui, à d'autres moyens qui nous permettent de venger le sang de nos enfants, l'honneur et la grandeur séculaire de la France, et cela au nom et au cri de l'Empereur. »

D'unanimes applaudissements ont accueilli la fin du discours de M. L. A. Piétri.

Ensuite il a été décidé qu'une nouvelle réunion aurait lieu dimanche prochain salle Martin, 51, rue de Meaux, Toutes les femmes impérialistes y ont été particulièrement conviées.

---

9 novembre 1881.

RÉUNION IMPÉRIALISTE.

Dimanche soir une très importante réunion impérialiste a eu lieu salle Buci, sous la présidence de M. L. A. Piétri.

Nous félicitons sincèrement les bonapartistes du VIe arrondissement d'avoir répondu à l'appel qui leur avait été adressé.

En effet, plus de trois cents personnes se pressaient dans la salle.

Plusieurs orateurs ont pris la parole; tous ont été chaleureusement applaudis.

Avant de se séparer l'assemblée a pris la résolution suivante :

« Les électeurs impérialistes, réunis en assemblée privée, au nombre de trois cents, le 10 octobre courant, salle Buci, prient les députés indépendants, dès la première séance de la Chambre, de monter à la tribune, d'interpeller le gouvernement sur les affaires de l'Algérie, et de demander, s'il y a lieu, la mise en accusation des ministres et de leurs complices. »

Plusieurs membres ont fait ensuite diverses propositions, qui recevront sans nul doute leur application lorsque l'Empire sera restauré, et l'on s'est séparé à onze heures aux cris de : Vive l'Empereur !

N.-B. — Au cours de cette réunion, l'idée de fêter par un banquet la fête de S. M. l'Impératrice a été mise en avant par notre ami la baron Dao. Elle a été favorablement accueillie par l'assemblée. Nous prions nos amis de faire connaître dans leurs réunions d'arrondissement la proposition de notre collaborateur et de faire parvenir au directeur du *Petit Caporal* le chiffre approximatif des adhésions.

---

14 novembre 1881.

PRÉSIDENCE DE M. L. A. PIÉTRI.

En ouvrant cette séance, ma première parole doit être : merci !

Merci, mesdames et messieurs, d'avoir bien voulu répondre à ce pressant et dernier appel.

Vos noms, dont le nombre dépasse déjà plusieurs bataillons, serviront à reformer les nouveaux cadres d'un premier corps d'armée, assez compacte, assez dévoué, assez courageux, pour entraîner la victoire.

Oui, nous sommes debout par la volonté et l'énergie de nos principes et nous ne déposerons nos armes légales de l'appel au peuple qu'après avoir obtenu qu'il se prononce sur le droit de république, monarchie ou empire.

Avant de donner la parole aux divers orateurs, veuillez m'accorder quelques instants d'attention afin de vous faire connaître pourquoi nous sommes ici et quelles sont les causes qui vont déterminer vos résolutions.

D'abord, voici la première réunion de 300 impérialistes dans laquelle ils prirent à l'unanimité les résolutions que vous avez lues sous leurs dates respectives.

ADRESSE RÉDIGÉE ET LUE PAR M. L. A. PIÉTRI.

A Sa Majesté l'Impératrice des Français.

Madame,

Les soussignés, réunis aujourd'hui dans une imposante réunion privée, salle Tivoli Waux-Hall, à Paris,

Après avoir admiré l'exposition des fleurs modestes du bouquet préparé par les mains élégantes des dames françaises à l'occasion de la Sainte-Eugénie :

Que votre Majesté veuille bien nous permettre de lui rappeler, à notre tour, que si nos cœurs restent plongés dans *le même abîme de vos douleurs, nos âmes, qui n'ont jamais connu la défaillance, prient, attendent* et espèrent que votre exil cessera bientôt avec le rappel des cendres vénérées dont l'horloge du dôme de Invalides va marquer l'heure et la minute.

Oui, ô Auguste Souveraine ! vous allez nous être rendue avec la triple couronne du *sacrifice*, du *martyre* et du pardon.

Puisse la voix de la France être entendue, avec laquelle nous demandons que ce même jour de la nouvelle année vous soit souhaité à Paris.

Dans cette respectueuse attente, veuillez agréer, Madame, nos profonds hommages de dévouement, de respect et de fidélité.

Suivent les signatures des personnes présentes.

LE BANQUET DE LA SAINTE-EUGÉNIE.

Trois cents de nos amis avaient répondu à notre appel. Nous n'avons pas besoin de dire que c'étaient les dévoués parmi les dévoués, et c'est avec le plus grand plaisir que nous avons pu constater la présence de beaucoup de braves gens pour lesquels la cotisation de 5 francs avait certainement été un grand sacrifice.

Le plus grand calme, l'ordre le plus parfait, une gaieté du meilleur goût n'ont cessé de régner tout le temps. C'était certainement un spectacle de nature à réjouir tous ceux qui partagent nos idées et nos convictions, que de voir cette unanimité de sentiments, cette cordialité générale qui réunissaient tous les cœurs dans un même acte de foi politique.

Nous n'avons pas besoin de dire qu'au dessert de nombreux toasts ont été portés. M. Constant Le Poil, directeur du *Petit Caporal* a lu une lettre de

M. Cunéo d'Ornano, député de la Charente, s'excusant de ne pouvoir prendre part au banquet. Voici les termes de cette lettre dont l'importance a été appréciée de tout le monde, étant donnée la personnalité politique qui l'avait écrite :

Paris, le 20 novembre 1881,
(Dimanche soir).

« Mon cher confrère,

« Il m'est absolument impossible de me rendre, ce soir, au banquet fraternel auquel le Comité d'organisation m'a fait l'honneur de m'inviter.

« Mais je suis *de cœur avec vous tous.*

« Veuillez le dire aux organisateurs et aux convives, que je félicite bien vivement d'honorer ainsi, à la fois, cette mère inconsolée qui nous rappelle si éloquemment tout ce que nous pleurons ensemble, et cette cause napoléonienne qui résume tout ce que nous attendons, de Dieu et du peuple, pour l'avenir.

« Votre dévoué,

« GUSTAVE CUNÉO D'ORNANO,
« Député de Cognac. »

Le président du banquet a prononcé ensuite un discours qui a roulé sur la personne auguste de l'Impératrice Eugénie, en l'honneur de laquelle la fête était donnée.

Puis, notre collaborateur, Georges Price, a porté un toast, tourné avec beaucoup d'élégance et d'esprit, aux femmes impérialistes, dont il a vanté à bon droit le courage et la force d'âme dans toutes les circonstances critiques par lesquelles est passée la cause à laquelle elles sont si fermement attachées.

Une quête a été faite ensuite pour soulager plusieurs infortunes qui nous avaiént été signalées. Cette quête a produit la somme de 80 francs.

C'est grâce aux paroles émues dites par MM. Constant Le Poil et le baron Dao que cette collecte a été aussi fructueuse.

L'émotion de l'assistance a été portée à son comble quand on a vu une femme d'un certain âge, d'un air tout à fait respectable, s'avancer à la table d'honneur et prononcer d'un ton ému un petit discours plein d'énergie et de feu, où éclatait le patriotisme le plus ardent et la foi napoléonienne la plus vive. Des larmes coulaient sur les visages, au spectacle d'une piété politique aussi grande. Tout le monde répétait le nom de cette respectable personne, Mme Champion, venue de 50 lieues pour assister à cette réunion de famille, et les applaudissements les plus chaleureux ont accueilli ses paroles à plusieurs reprises.

M. Piétri a demandé ensuite la parole. Avec cette voix énergique et retentissante que connaissent bien nos amis, il a porté le toast suivant qui a été souvent interrompu par les bravos répétés de l'assistance :

Je me lève sous l'impression, encore retentissante des paroles si éloquentes, si chaleureuses, si patriotiques que nous venons d'entendre.

Je serais tenté de croire que tout a été dit.

Cependant, si vous me le permettez, j'essayerai de porter plusieurs toasts, suivis brièvement de quelques paroles historiques :

Le premier, je le porte au souvenir de gloire et de grandeur immortelles du fondateur de la dynastie impériale : j'ai prononcé le nom de Napoléon le Grand !

Le deuxième, je le porte au souvenir de vingt années de prospérité et de dignité nationale dues à un génie qu'on a affirmé être providentiel :

J'ai prononcé le nom de Napoléon III.

Le troisième, je le porte au souvenir de notre auguste et gracieuse Souveraine, avec l'espoir certain qu'elle nous sera bientôt rendue ainsi que les cendres de nos bien-aimés empereurs, laissées sous la garde temporaire du peuple britannique.

Le quatrième, je le porte aux hommes d'un dévouement éprouvé, d'un courage sans jactance et d'une dignité sans tache.

Le cinquième, je le porte au souvenir de notre vaillante *armée, suprême espoir de la* PATRIE, de notre France laborieuse, honnête et chrétienne.

Avec prière de RELIRE, de MÉDITER la première page de notre histoire moderne intitulée : 18 BRUMAIRE.

---

6 décembre 1881.

RÉUNION IMPÉRIALISTE DU CAFÉ PROCOPE.

(Extrait du *Peuple français*.)

Les journaux qui défendent l'idée napoléonienne, entre autres le *Petit Caporal* et le *Napoléon*, se sont abstenus de rappeler le triple anniversaire que rappelle la date du 2 décembre. Le *Peuple français*, on l'a vu, a montré plus de mémoire et de cœur.

Dans une réunion impérialiste qui a eu lieu le 2 décembre, salle du café Procope, M. Piétri, ancien officier, a improvisé à ce propos les paroles suivantes que nous sommes heureux de reproduire, en remerciant l'orateur de l'éloge implicite qu'il a fait du *Peuple français* :

« Messieurs,

« Un devoir bien pénible s'impose à ma conscience, celui de vous dire qu'on nous convoque à une réunion impérialiste à laquelle j'ai travaillé moi-même dans toute la limite de mes modestes efforts.

« Mais j'avais pensé, avec tout le monde, que le journal le *Petit Caporal* aurait ouvert, ce matin, ses colonnes au récit mémorable et historique des trois anniversaires du 2 Décembre.

« Enfin, les Impérialistes, lecteurs de cette feuille, ont eu pour toute éphéméride, la mort de Crillon.

« Si nos amis, MM. le directeur et les rédacteurs du *Petit Caporal*, ont des raisons pour se taire, nous, Impérialistes déterminés, convaincus et sincères, nous avons les nôtres pour leur dire : Prenez garde, nous ne voulons, nous ne pouvons être oubliés dans toute notre croyance politique.

« Nous sommes de ceux qui ont inscrit sur l'arme de nos premiers combats : Dieu, famille, honneur, patrie et Napoléon.

« Je retrouve ces souvenirs glorieux dans le *Peuple français*, et vous demande la permission de les relire devant vous. »

10 décembre 1881.

SALLE DE LA REDOUTE.

(Extrait du *Peuple français* et de l'*Ordre*.)

Nous revenons sur la réunion bonapartiste de samedi pour publier les paroles prononcées par M. Pietri, président, à l'ouverture de la séance :

Messieurs,

Mon premier devoir est de vous remercier avec effusion, au nom de tous nos amis absents, de votre présence, bien imposante par le nombre, à cette réunion de famille.

Ensuite, qu'il me soit permis de vous avouer en toute franchise que si, comme président et comme orateur, j'ai le sentiment de toute mon insuffisance, j'ai lieu d'espérer qu'en raison de ma bonne volonté et de tous les sentiments qui m'animent je pourrai compter sur votre indulgence.

Maintenant, en homme d'autorité, d'ordre et de liberté, je dois vous déclarer que les membres du bureau, d'accord avec nos amis, se sont imposé le devoir de ne permettre aucune interpellation malsonnante, et de maintenir les débats dans la simple narration historique de ce grand anniversaire.

Enfin, avant de m'arrêter à la limite où des orateurs aborderont le sujet avec toute la hauteur de leur talent et de leurs profondes convictions, vous me permettrez, après huit ans d'un silence forcé, de vous dire, en deux mots, pourquoi nous sommes ici et quelles sont nos espérances.

En 1792, l'Europe monarchique, affolée d'épouvante, sentit et comprit que, pour croire en Dieu, il fallait encore gouverner avec les peuples.

Mais, à la suite de la terreur sanglante de 1793, cette même Europe, poussée par la haine et l'argent des émigrés, voulut, les armes à la main, nous faire adorer tout ce que nous avions brisé à jamais.

Napoléon, en qui était incarné le courage civique de tout un peuple, se leva, les armes à la main, répondant victorieusement, pendant dix ans, au défi de tous les ennemis de la France. Il tomba, mais ses soldats crièrent : La garde meurt, mais elle ne se rend pas !

Il fut donc exilé sur un rocher inhospitalier. Mais en mourant il écrivit de sa main : « *Je désire que* « *mes cendres reposent sur les bords de la Seine, au* « *milieu de ce peuple français que j'ai tant aimé.* » 1830 sonna et le sang des patriotes ne servit en partie qu'à enrichir la bourgeoisie, laquelle, de toute la hauteur de son orgueil, nous appelait : *la vile multitude.*

La France pleurait son empereur et demandait sans cesse au gouvernement de Juillet de vouloir bien faire venir ses cendres.

Cette voix n'était pas écoutée. Ce fut alors qu'en 1840, par un pétitionnement formidable et dans la crainte d'une révolution, on exécuta les arrêts du peuple.

Dès ce jour, le *Second Empire* apparaissait comme inévitable.

Nous avons combattu en 1848 sous le drapeau de la liberté, pour reconquérir notre gloire et toute notre grandeur passée.

Louis-Napoléon fut rappelé de l'exil, avec tous les Princes Bonaparte, par les suffrages de toute la majorité des Français, et il fut nommé Président par l'acclamation de tout un peuple.

Mais, vous le savez, les coulisses étaient alors remplies, comme aujourd'hui, de *conspirateurs orléanistes*, et, en renfermant le Prince-Président dans un cercle de lois réactionnaires, ils s'apprêtaient à reprendre le pouvoir en supprimant la République.

Tous les Français qui pouvaient parler et écrire exhortèrent le Prince à ne plus tarder à sauver la France.

Il fut donc forcé de sortir de la légalité d'une

Constitution perfide pour entrer dans les droits du peuple.

Vous savez également que, quelques jours plus tard, près de 8 millions de Français, librement et loyalement consultés, déclarèrent que le 2 Décembre fut un acte sauveur et que le Prince avait bien mérité de la patrie.

Là je m'arrête en criant de toute la force de mon âme :

Vive l'Empereur !

---

22 décembre 1881.

RÉUNION DE LA SALLE GOULET, A PUTEAUX.

(Extrait du *Peuple français* et de l'*Ordre*.)

Les fidèles de la première et de la dernière heure, habitant l'arrondissement de Saint-Denis, se sont réunis le 22 courant, salle Goulet, 1, rue de Puteaux, sous la présidence acclamée de MM. Sevestre, Prochasson et Duvaux, assesseurs, Bargaud, trésorier, et Lefèvre, secrétaire.

Après les chaleureuses paroles de remerciement et de confiance, prononcées par MM. Sevestre et Prochasson, la parole a été donnée à notre ami, M. L.-A.

Piétri, ancien officier, qui, dans un élan d'éloquente inspiration, a prononcé ces quelques paroles :

« Messieurs,

« Sur l'appel bienveillant des membres de votre bureau, j'accours au milieu de vous, et, laissant de côté toute forme oratoire, je viens en ami, en impérialiste ardent, convaincu et sincère, vous faire part de toute ma pensée :

« Les principes napoléoniens sont et restent gravés dans le cœur de tout homme généreux ; l'avenue de la Grande-Armée avec son arc de triomphe rappellera, jusqu'à la consommation des siècles, quel fut et quel sera encore le génie d'un Bonaparte appelé, au dernier jour de la tourmente révolutionnaire, à mettre un frein aux tentatives insensées de suicide national.

« Les sept sages de la Grèce sont remplacés en France par douze apôtres dirigés par un treizième, dont la dernière partie se joue en Tunisie. Je ne crois pas me tromper, messieurs, en vous disant que les temps sont proches où tous les intérêts coalisés de la France demanderont qu'on en finisse, et ce jour-là nous serons prêts.

« Donc à bientôt et au revoir ! »

Ces chaleureuses paroles ont été couvertes d'applaudissements.

PARIS — IMP. V. GOUPY ET JOURDAN, RUE DE RENNES, 71.

www.ingramcontent.com/pod-product-compliance
Lightning Source LLC
LaVergne TN
LVHW010058230826
846091LV00005B/1998
9782011769701